ANDÁBAMOS MARAVILLADOS

VIOLETA GIL

ANDÁBAMOS
MARAVILLADOS

aRREBATO lIBROS

1.ª edición en arrebato, noviembre de 2025

ISBN: 978-84-19753-47-2
D. L.: M-24399-2025

Violeta Gil, 2025

arrebato libros, 2025
c/ La Palma, 21. 28004, Madrid
www.arrebatolibros.com · arrebato@arrebatolibros.com

Diseño editorial: Alonso & Moutas
Diseño de portada: Marta Martín
Corrección: JA Fernández
Fotografías: Marta Martín y Violeta Gil

El libro está compuesto con las tipografías: At Textual, dise-
ñada Pedro Arilla para Arilla Type Studio en 2022 y Scotch,
diseñada por Positype en 2017.

Hecho en Malasaña – Madrid

a ti que te amo

La parte del deseo

«… un día me recogí el pelo
con una cinta y tú dijiste
que casi parecía
una dama puritana y lo que
mejor recuerdo es que
la puerta de tu dormitorio era
la puerta del mío»

ANNE SEXTON

EL PRIMER IMPULSO

Si empiezo es porque quiero contaros algo
aunque parezca evidente no lo es siempre
Atender a lo que se cuela
o que se cuele

locamente
seriamente
terrenalmente
amorosamente

En mi cerebro y en el vuestro
En mis nuevas palabras
Ojalá vengan todas
Ojalá vengan imágenes que nunca hayamos visto
Vendrán de amor y de pérdida y de deseo también
eso es inevitable
Vendrán de nuevos mundos
desconocidas revueltas
Porque ya están casi aquí
Y vendrán de la destrucción porque
eso también es inevitable

Quiero contaros todo esto
inocentemente
suavemente
excitadamente
delirantemente
tranquilamente

Tal y como soy
Tal y como ha de ser

A ti que te amo
A vosotras que os amo
A nosotras con quienes amo
A todos a todas vosotras
Ayudadme, os ayudaré

QUISIERA UN BRILLO

Quisiera
Quisiera ser
Quisiera poder decir
Cuando la sombra de las ramas anuncia que llega
se sabe que es verano
Otoño siempre
Primavera
Ojalá llegue ya el invierno
Quisiera ser de las que pueden decir
Quisiera ofreceros esa visión de la hierba
El olor que reconocemos al
hacer un fuego
Al abrir la ventana y oír tórtolas
El recordatorio de que se puede estar constantemente con un otro
El recuerdo de las alas
La posibilidad del vuelo allá y acá
El mar siempre en todas las imágenes
Quisiera deciros
Habrá hermosura
Habrá calma y habrá paciencia si la necesitamos
Todas las cosas que diga habrá

Todos los detalles se harán visibles
Quisiera unir la idea de vuestra sombra al final de la tarde
con una confesión
Quisiera amor
Quiero
Queremos
Queridas, quisiera todo eso y más, ya lo sabéis

Ámbar y morado y brisa
O niebla amarilla y azul
Diamantes, rubíes, esmeraldas
Coral
Alimentos y visiones
Púrpura
Olivas, brezo, un olor
Todos los sabores
¿Dónde estáis? ¿Habéis venido? ¿Vais a venir?
Sabéis que os necesito
Ojalá no importara tanto la necesidad
Nunca funciona como debería
Me traiciono
Pero sabéis
Sólo quiero que estemos un ratito calladas
Que podamos observar este campo en calma
¿No es increíble la luz a esta hora?
Anhelo tantas cosas
Quisiera que alguna
Pero no pasa nada
Vamos poco a poco, aunque quisiera
correr siempre sin parar porque todo está ardiendo
Lo sabéis, ¿no?
Gastarlo todo, hacerlo todo, decirlo todo

Todo

Es una de las palabras prohibidas cuando estás en esta edad

Pero no me importa

Lo quiero todo lo espero todo me conformaré con todo

FRANCIA, ANOCHE

Vine a trabajar sobre un fantasma
una escritora
Lleva veinte años muerta
No puedo estar enamorada de la forma habitual
pero lo estoy
Como de todo sobre lo que escribo
ya lo habéis debido adivinar
La escribo (no le) porque quiero verla
y mientras imagino nuestra conversación
escucho otra voz, otro fantasma que llega
Vale, sé quién es, es una cantante
"To us sometimes is better to laugh to keep from crying"
dice el segundo fantasma
A veces preferimos reírnos para no llorar
Ah, tiene una voz hermosa
energética y fina al mismo tiempo
Qué diferentes mis fantasmas
Pero como son mis fantasmas decido
que pueden estar juntas
Y escribo una escena para ellas en esta habitación
conmigo

compartiendo un cigarrillo
cruzando una pierna sobre la otra, inclinando un poquito la cabeza así
hacia la izquierda, mientras sonríen y comentan
"I want them to understand me as a person
my country and my people"
dice la cantante
Quiero que me entiendan como persona
que entiendan mi país y a mi gente
Y mi primer fantasma sonríe como si comprendiera
o porque comprende
Ay, Míriam, yo también lo deseo, dice
y empiezan a amarse
ya lo habíais imaginado
Me quedo y miro
Pasan las horas
Otra noche más en la que ni tocan la cena
Llega el día
pero aún no duermen
Y me obligan a quedarme despierta
a escribirles
otra escena
de amor
otro
suspiro más

ALEMANIA, AYER

Me rechazó con elegancia la noche anterior
no dijimos nada y
pedimos cerveza y goulash
por contrarrestar la resaca
y habló de la fidelidad
y habló del miedo a perder
y habló de la necesidad
y habló del deseo
y yo me comí casi todo el plato
aunque no me chupé los dedos por pudor
y lloré hacia dentro (no me vio nadie)
y escondí el bajón
e hice chistes
y finalmente el insoportable sonido de su maleta en los adoquines
Caminamos hasta la estación sin parar para no oír todas las otras
cosas que estábamos pensando

Sabéis de lo que os hablo, ¿no es así?
Lo digo para que no se nos olvide
y tengamos un lugar al que acudir
cuando regresemos de otros países o de otros

fracasos o de
Ya sabéis
Os lo recuerdo

No mentirás a los que te aman
No dejarás de mirar con asombro
No te quedarás esperando
No dejarás de cantar las canciones
No harás de tu casa tu tumba
No caerás en el agujero
No dejarás caer a los que aman
No dejarás que caigan
No olvidarás los detalles de la adolescencia
No mirarás a los más jóvenes con distancia
No dejarás de besar
No dejarás que te hielen el corazón

Continuad la lista
Ya sabéis de lo que os hablo

TONADA

Si no lloras cuando suena esta música

Si no tienes ganas de bailar triste escuchando esta canción

Si no quieres abrazar a alguien fuerte mientras sigue sonando

Si no quieres que alguien te siga despacio cuando marcas los pasos
No tienes corazón

Puede que no sea verdad
Quizá el ritmo cambie y yo esté equivocada

Pero si no quieres que alguien te mire, te diga, te cante, te escuche
te bese, te piense, te sueñe ahora que acaban las notas
Es que no tienes corazón

Sé cuándo estoy enamorada porque quiero hablar de ello todo el rato sin parar pero me faltan las palabras

Y sé que estoy enamorada pero no lo puedo decir porque siempre hay temor y temblor
Me da miedo decirlo
Y si todo se va a al carajo pienso que será peor
Pero no será peor porque poner en palabras siempre suma más que resta
Y esta vez es la primera en que ocurre de esta manera? Y no es una suerte? No es una suerte encontrar a alguien distinto cada vez, alguien que apela a una parte de ti como nunca nadie lo hizo antes? Quiero decir, te hace más humana? No es hermoso pensar en aquella tristeza en la mirada, en aquella pasión, en buscar un motel a la salida del aeropuerto? No es alegre pensar en la bicicleta, en aquellas postales, en una, dos, tres horas en la puerta del bar? Y sí, claro, pena, nostalgia, pena. Pero existió, ocurrió, fue. Y no es hermoso pensar en aquella conversación que empezó a las siete? Alguien se dio cuenta? El camino a casa, el viaje en coche por un terreno desconocido, el deseo indescriptible. Hermoso pensar en el hambre que teníamos porque no llevábamos nada. Hermosa la cena al llegar a casa, el baño caliente. No es increíble pensar en lo que pudo ser y no fue, aquel encuentro, dos días enteros sin apenas comer ni dormir? Y qué si ahora queda un dolor de

corazón? Y qué si ya no podemos recorrer la ciudad con la música a tope? No es una suerte pensar en el momento en que dijiste, anda, ven aquí, porque yo no me atrevía? No fue una suerte que fingieras estar enfermo para poder quedarnos un día más? No fueron increíbles esos meses de discutir acerca de todo, pelear por los mejores libros, los peores políticos, comer cecina sentados en el suelo del salón? Qué pasa si ya nada de aquello puede ser más? Quiere eso decir que no sirve, que hay que sufrir para siempre? Quiere esto decir que el amor no es apenas nada? Pero el amor es todo. Lo sé y sé que también lo sabéis. Lo sabemos, pero a veces nos despistamos. Y nos entra miedo. Y nos ponemos cínicos, o trágicos, o. Y no cuenta haber pasado horas en aquel río, en aquella playa? No es verdad que hubo delicadeza, que hubo amor? Ya sé que es mi especialidad acordarme del deseo. Ya sé que se me da particularmente bien olvidarme del dolor. De qué sirve lo contrario? De qué sirve odiar el quinto piso de esa finca antigua en la que sentí que no se acabaría nunca esa comunión increíble? De qué sirve arrepentirse de no poder ver más puestas de sol desde la ventana inmensa entre una montaña y una isla? Para qué llorar pensando en los dedos llenos de pescado, en el vino, en las bromas absurdas, en el inmenso amor, los textos compartidos, los bailes, la piel suave, el olor a suavizante, las pelis en el proyector, el tocadiscos, el cóctel, el partido de baloncesto, la nieve, los ciervos, los fuegos artificiales? Por qué no alabar todo el rato la posibilidad, el ardor, la maravilla, la vida? Es esto una mirada inocente sobre las cosas? Es esto una forma de engañarme? Es esto un optimismo criticable? Me da igual, me da igual, me da igual. No fue increíble, pienso ahora, sentir esa cercanía, ese deseo de tocar y de besar sin poder hacerlo? Será que ocurrió para poder decirlo hoy aquí? Para poder explicároslo y que os den ganas de hacer el amor y de abrazar y de cambiar vuestra vida?

Dice Tiqqun:

«Charlamos, nos besamos, preparamos una película, una fiesta, una revuelta, encontramos un amigo, compartimos una comida, una cama, nos amamos, en otras palabras: construimos el Partido».

QUÉ PEQUEÑO ES TODO A VECES

Espero que no os molesten, hay obras en el edificio, ¿ojalá no demasiado ruidosas? ¿o demasiado temprano? Esto es lo que les diría a mis invitadas, pero no tengo invitadas así que me lo digo a mí misma y cojo un libro, agua, el ordenador y un poco de chocolate y pongo música para dormir, me leo una historia, agarro mi peluche (azul y rosa, desteñido), apilo mantas sobre mi cuerpo. ¿Vives sola ahora?, me pregunta un amigo, no tan amigo, supongo, porque sabría que así es. ¿Y qué quería decir con lo de ahora? ¿ahora? ¿cuándo? ¿o cómo? Dormí con un ex amante la otra noche en el sofá. No nos habíamos visto en cuatro años. Le mordí la punta de los dedos antes de quedarme dormida. Perdona por haberte mordido, dije cuando nos despertamos, y lo dije de verdad, en un sentido. Hice café y zumo y se fue y no, no nos besamos. Pero ahora estamos haciendo una lista colaborativa y acaba de añadir una canción.

Y sí, hay obras, le diría a mi amante, si lo hubiera, espero que no demasiado ruidosas.

HABLADURÍAS

Dicen que nadie quiere sufrir ya
y yo dije un día *no me hagas daño*
Dicen que el amor no debería doler
y entiendo lo que quieren decir
Aun así, inquieta en mi silla
miro alrededor para que no me adivinen dueña
de este pensamiento:
Cómo no va a doler
Tiene que haber peligro,
y ahora lo digo en voz alta
Cómo no
Decimos que queremos una gran historia
Pero nos quedamos en casa
Tenemos sueños enormes sueños húmedos sueños
sueños de hazañas y revueltas
Pero nos quedamos en casa
Un nuevo mundo otra oportunidad
Mientras nos quedamos en casa
Quién cambiará las cosas quién resistirá quién
Miramos durante horas la pantalla
Y nos quedamos en casa

Dice Novalis:
«Cuando huimos del dolor es que ya no queremos amar.
El que ama debe sufrir eternamente el vacío que lo rodea y
conservar abierta su herida».

ENCUENTROS EN LA NOCHE

Cómo me voy a ir a dormir
si nadie me quiere
dice él
Y hace como que se va a marchar
Empuja la silla en un solo gesto brusco y un poco más
torpe de lo que le gustaría
Todo ese ruido
y la música enfática
Pero obvio no se va
se da la vuelta, casi un saltito
Necesita su amor
Ella es su única oportunidad
Nadie nadie nadie más
de eso está seguro
Pero ella es ella, ella
no puede ser la solución
ella no puede salvar
Por qué siempre pensamos que llegará quien nos salve
Salvaremos o seremos salvados
Y se abrazan con violencia
un poco torpes también

Ella llora
y ella ama
Ella, la actriz más hermosa
Ella, la Bárbara de mis sueños
No diré qué pasa al final
Pero sí diré que me gustó

Dice la Biblia en alguna traducción que no recuerdo:
«Donde hay amor no hay temor. Al contrario, el verdadero
amor quita el miedo. Si alguien tiene miedo de que Dios lo
castigue, es porque no ha aprendido a amar».

HUELES A VERANO A DIENTE DE LEÓN

Lo sentí cuando te vi entrar en la sala el primer día y reconocí tu cara
Ahí me puse mística
Algunos cuerpos se reconocen de antes
lo supe porque todo es tan triste y hace tanto frío
que a veces sólo puedo concentrarme en eso

gafas de corazón
para el dolor de
para la falta de
para me siento sin
para el amor de
no pertenecer

gafas de corazón
para llegar sin
corazón al fin
de la semana de
la partida con
la rotura más
y el día que
no te mire así
quedará un rastro de
un resto
un despojo
un final
un harapo

y en el gesto de
la mirada con
la gracia azul
el pequeño que
la risa sin
morir y morir y morir
lacerado
es lo que pasó con
la vida que
me arrebató el
sí es así es así es así
es así
hoy y seguro mañana y muy
probablemente la semana que viene
también cuando
no
no haya
no vea
no pueda
no sienta
y así en el suelo
sudando
porque se llora mejor sudando
se suda mejor llorando
se ríe se baila se besa
siempre mucho mejor
llorando
aunque a veces la sal
a veces
sólo la sal
a veces la sal se vuelve demasiado
difícil de

por eso no
no te des la vuelta
no me doy la vuelta
no

DEMASIADO TIEMPO AMANDO

Certeza: mis ideas del amor son problemáticas
Cuanto menos
Razón: vi *French Kiss* más de diez veces
entre los trece y los dieciséis
Y lo peor
casi te obligo a verla el otro día
Perdóname pues
No soy yo es Meg Ryan
con su vestido de verano
besando a Kevin Kline en un viñedo francés
Felices para siempre eternos los besos y el amor para siempre

PRIMAVERA (Y TODO LO DEMÁS)

Soy romántica (y todo lo demás)
Hago cosas
compro cosas románticas
Plantas románticas para el balcón
Jazmín, buganvilla, lavanda, ojalá una higuera
Busco buganvilla en la enciclopedia porque el corrector me la señala
con sus puntitos rojos y encuentro:

El género *Bougainvillea*, conocido con los nombres comunes de buganvilla (España), bugambilia (Perú, Ecuador, Chile y Guatemala, México), papelillo (zona norte del Perú), Napoleón (Honduras, Costa Rica y Panamá), trinitaria (Cuba, Panamá, Puerto Rico, República Dominicana y Venezuela), veranera (El Salvador, Nicaragua, Costa Rica, Panamá y Colombia) y brisa y Santa Rita (Argentina, Bolivia, Paraguay y Uruguay), es un género de flores de la familia Nyctaginaceae originarias de zonas secas de América del Sur (Brasil, Perú y zona centro-norte de Argentina)

La primavera toda
Pronto florecerá el jazmín
¡Es vida! ¡aún soy humana!

Un jardín para estar viva
Un jardín de verano
El sol está fiero hoy
Y así es
La imagen de un callado día de verano
Sudando
Huele a tomillo de verano
    jazmín de verano
    música de verano
    vaqueros cortos de verano
¡Ah! un amor de verano debe estar al llegar
    verano y cerveza roja
    verano y cigarrillos de liar
    ventanas de verano
    cerezas de verano
    radio de verano
¡Ah! el verano del amor seguramente está al caer
Me empiezo a desnudar ya para estar lista para cuando el verano
¡Ah! el verano de nuestro descontento llegará

Otro día más las gotas de sudor resbalan
Por dentro de la camiseta hacen ríos finitos
Llegan hasta el ombligo
Me gusta sudar
Tanto
Seguro es la falta
De sudor ajeno
Gotas   de   sudor
Tan placenteras
El cuerpo pegajoso
Dentro de un rato no lo aguantaré más
Gotas que ya no serán sexis sólo sucias

No me gustan las palabras por su sonido
Sino por el alivio que me producen

sudor
temor
temblor
tristor

Me gustan las palabras por cómo suenan
por como saben
y por la posibilidad

¡Ah! el verano en la boca ya está aquí

MADRID, AYER

Ayer dije:
Con cuidado lóbulo de la oreja
Labios suaves por favor
Camiseta blanca un poco amplia
Un dedo recorre las costillas
m u y
d
e
s
p
a
c
i
o
Dije cosas sobre las manos el sudor tocarse
cantar para sentir el aire recorriendo el cuerpo
tan fácil tan sexy
Sueños y paseos y lagos y ríos
Mechón de pelo nuca cuello
Suave lóbulo
Pie

Clavícula
Punta de la lengua
Todo eso dije ayer
Mientras hablaba de rupturas
Y de otras cosas
Sólo esta noche admitiré haberlo dicho
Mañana no tenemos ni idea

Dice Jacques Derrida:
«Un secreto siempre hace temblar. No solamente estreme-
cerse o sentir escalofríos, cosa que sucede también alguna
vez, sino temblar. El estremecimiento puede ciertamente
manifestar el miedo, la angustia, la aprehensión ante la
muerte, cuando nos estremecemos con anticipación frente
al anuncio de lo que va a venir. Pero puede ser ligero, a flor
de piel, cuando el estremecimiento anuncia el placer o el
goce. El agua, decimos, se estremece antes de hervir; es lo
que llamamos la seducción: una pre-ebullición superficial,
una agitación preliminar y visible».

PARED CON PARED

Qué finita eras a veces
En ambos sentidos
Y creo que me gustaba
Me daba un tipo de bienestar
Desde la primera foto hasta la que no será la última tu cara es
increíble
Aunque no puedas evitar hacer el idiota
Pero qué alegre el encuentro, qué suerte
Nos decíamos
Un sol pequeñito a punto de ser un eclipse si encontrábamos el lugar
adecuado
Una manta que era un vestido o una toga
Unas flores de plástico
La mejor sonrisa sin haber usado ortodoncia
Me hacías falta para sentir emoción y deseo de
Un poco lo que fuera, la verdad
Me hacías falta para sentirme comprendida también
Yo creo que por eso llegamos
El primer día bajamos hasta la orilla y luego íbamos tarde y casi fue
un lío
Pero no

El penúltimo te di un beso muy cerca de la oreja
Después de haberte dicho que estábamos en un campamento de verano
Luego dijiste que no te acordabas de nada
¿Te acuerdas? De que me lo dijiste, quiero decir
Otro día te expliqué que todo el mundo dice que ya no quiere amor
                                                            romántico
Pero que era la mentira más gorda que había oído en mucho tiempo
Te reíste porque era verdad
Aunque querías decirme que me iría mejor alejándome un poco
Y nos encontraron dormidas en el suelo del salón sin mantas ni nada
Nos metieron en la cama y al día siguiente no recordábamos
Pero los vasos seguían sobre la mesa
Y así supimos
Otro día te conté que mi ex me había dicho que yo era como los gatos
Que cuando quieren a alguien le llevan animalitos que han cazado
Presentes para mostrar su amor
Igual que yo hacía llevándote constantes regalos y regalitos
Presentes para mostrarte mi amor
Aunque contigo me pasó que no me había enterado de la parte del amor
Hasta que hice las cuentas:
Tres lápices, una naranja, un perfume, un jabón, dos libros
Era evidente
Luego te quitaste la camiseta porque me gustaba y así me fui a la playa
Con la camiseta que aún olía a ti y que era mucho más de mi talla
                                                    que de la tuya
Nos reíamos mucho
Casi todos los días menos dos en que me enfadé y otro en que
                                                    te enfadaste tú
Me sorprendió mucho tu dureza
A ti no te sorprendió mi insistencia
Creo
A veces disimulabas

Quizá casi siempre disimulas
Eres disimulo sin que se note
También eres mar
Pero eso no hace falta decirlo
Estás a punto de llegar
Voy a lavarme los dientes y bajo

HUELES A VERANO A DIENTE DE LEÓN

En un bosque denso y crujiente
retamas, zarzas, desniveles y el granito que asoma
Y tú, persona de amor
Algún día tendremos otros nombres
Hueles a verano y a diente de león
y de vez en cuando tengo que comprobar que sigue siendo así
Ya sabéis mi edad
Ya sabéis que me importa el afecto
¿Estimar puede ser querer?
¿agradar puede ser gustar?
Preguntas riéndote a medias
Persimones y moras al final del camino
con lindes doradas o desconocidas
Hay un desborde que no sé manejar
porque no sé y por misterio
Aprendo un silencio nuevo
otra manera de nombrar las cosas
Siempre necesitamos otra
amor
¡aprende un nuevo lenguaje!
¡aprende lo salvaje, aprende también las sombras!

Mi poeta favorita niega haberme dicho que no escriba cuando estoy

enamorada

Quizá no dijo eso

Quizá dijo, no leas hoy ese poema que acabas de escribir en estado

abrumado

Sensatamente quizá me dijo, repósalo antes de compartirlo

ahora te gusta pero es posible que en algunos días...

No lo leí, pero mentiría si no dijera que me dio un poco de pena

Os hablo del impulso, ya sabéis

El desborde funciona así

Todo absolutamente pegado

abundancia dorada

y precipicio

Otras veces se trata de decir:

quiero apoyar la cabeza en tu costado

cuando el tren atraviese los campos

a vosotras que os amo

La parte del asombro

«Sí, estoy vivo. Puedo cruzar la calle y preguntar
"¿qué hora es?".
Puedo bailar mientras duermo y reírme»

ILYA KAMINSKY

Aquí os espero, en los autitos chocantes

ESTRELLAS EN EL QUICIO

Y qué hace que algo sea memorable
os pregunto
Más allá del comienzo y el final
Más allá de descubrir un secreto
Más allá de lo inesperado o lo sorprendente
O el miedo o la vergüenza o el deseo
Más allá de la desilusión o el desengaño
Las primeras veces, aquellos primeros días
La primera mirada, el primero beso, el primer cruasán
Es el amor memorable
preguntó alguien
Qué podemos hacer aquí y ahora para mostrar
un amor memorable
Una amistad
una vida memorable

Me acuerdo de llegar a casa todos los días
durante aquellos dos años
parar en el último escalón
justo antes de abrir la puerta
de mi única casa bonita

y obligarme a mirar
durante un segundo, respirar
El cielo puede ser algo memorable
si te obligas a mirarlo
cada día
Será entonces que la obligación puede hacer
que algo se convierta en memorable

Ayer soñé que me sentía en casa por primera vez
ayer pensé, esta es mi casa
esta es mi vida memorable
y así, en efecto, en ese instante, lo fue

Dice Mary Oliver:
«Salí rápido de la escuela y crucé los jardines hacia los
bosques y pasé todo el verano olvidando lo que me habían
enseñado».

VERDE Y AMARILLO

Ha amanecido nublado, en las primeras horas del día el sol toma fuerza. Cuando llegas al campo hace calor, no se ve una nube. Hay gente desperdigada, niños que corren, perros que miran desde una sombra. Cruza un gato veloz. Hay comida y hay música y hay una zona para el baile. La gente se recibe con alegría, se besan en las mejillas, en la boca, se abrazan. En la escena no hay farolillos ni luces de colores, pero las imaginas. Sí hay una barbacoa y ensaladas y bebidas frescas que se calientan rápidamente. La pradera frente a ti es verde eléctrico, sientes que no puede ser un color real, y te acercas a tocar la hierba, que está aún húmeda. Huele a crema solar y a carbón. Muchas risas andan mezclándose. Aunque no conoces a nadie, todas las caras te resultan familiares. Una niña con el pelo corto empuja un balón rojo enorme, al pasar a tu lado te guiña un ojo. Sonríes sutilmente. Bajo la parra un hombre mayor te hace un gesto, y continúa partiendo nueces. Paseas y medio bailas y bebes algo. Te sientas a la sombra. Te sirves un plato, y después otro, te sientes feliz, tienes hambre y comes con ganas, bebes más y te ríes. Hablas con mucha gente, en diferentes idiomas que no sabías que manejabas. Tu acento es raro, pero todo el mundo te entiende. Juegas a balón prisionero con unas adolescentes. Hay una búsqueda organizada, no sabes bien qué es lo que buscáis, pero sigues a la gente, que va echando lo que encuentra en una cesta. Te intentas acercar, pero la cesta cambia de manos, llegas a ver bolitas de color pastel que no aciertas a reconocer. Sudas y te ríes. Bebes un vaso de agua. Te echas otro vaso de agua por la cabeza. Una mujer de la edad de tu madre te anima, y se echa también un vaso por encima. Las dos os sacudís el pelo y las gotas al caer hacen un dibujo en la tierra batida de la pista de baile. Un chico que te recuerda a un amor que tuviste habla y canta por sobre la canción que está sonando. Consigue que la pista se llene. El baile es desorganizado, pero resulta rítmico y orgánico. La búsqueda ha terminado, alguien reparte el contenido de la cesta. Hay vítores y expresiones de agradecimiento. Sigues bailando, realizas pasos que nunca antes habías hecho, das vueltas, corres, saltas. Tienes la sensación de estar a punto de romper un extraño equilibrio que no sabes cómo habéis alcanzado ni cuánto durará. Y es en esa tensión de fuerzas donde te encuentras bien. Te sientes tú. La luz va cambiando, la tarde da paso a la noche, pero nadie parece estar cansado. Comienza a llover, el volumen aumenta, alcanzas a ver una garza que levanta el vuelo y desaparece. Te alejas un poco para ver la escena. Te llegan susurros mientras te alejas un poco más. Rescatas algunas palabras. Placer. Escuchas. Lento. Sigues caminando. Baile. Vuelo. Placer. La música ya apenas se oye y ha dejado de llover, pero las palabras te siguen llegando. Ánimo, ánimo, ánimo. Se ven las estrellas. Amantes. Exaltación. Canto. Te tumbas en el pasto. Vuelo. Altar. Amor. Deseo. Cuerpo. Aliento.

A veces es todo muy sencillo, escuchas una canción, alzas las manos al cielo, entrecierras los ojos, sientes que algo te recorre el cuerpo, algo como un escalofrío, pero es cálido. Un rayo que entra por las puntas de los dedos, se detiene en el pecho, baja, te atraviesa las caderas, se desliza por tus piernas y entra en la tierra; pero no desaparece. Es brillante y cambia de color. La noche y la lluvia siguen, tú contienes dentro de ti una fuerza a la que aún no has nombrado. Una esperanza. Quieres nombrarla de algún modo, porque no se parece a nada que hayas sentido antes. Piensas que te puedes olvidar de todo aquello que te estaba deteniendo. Piensas que puedes entregarte a una forma de relacionarte que es profunda y ligera a la vez. Crees que lo tienes. *Una esperanza verbena*, piensas.

tortilla

queso

vino

chorizo

el paraíso

Levanté el brazo imitando un gesto que había visto al final de un concierto

Lo quiero copiar, dije. *¿Lo quieres copiar, cómo?*

Y levantaste el brazo imitando mi gesto, después hiciste otro gesto, y otro, y la mano así y luego al otro lado, pequeña pausa, la mano da la vuelta, acaricia el aire, y mi mano al lado sigue la tuya, imita, copia, acaricia

Gestos de la nada. No van a ningún sitio. No se repetirán. Nadie hablará de ellos. Un momento. Un instante de vida incomprensible. Dentro del caos. Dentro del desastre. Dentro de lo que no se comprende. Dentro de todo lo que nos amenaza. Dentro de lo que entendemos, pero nos sentimos incapaces de cambiar

La belleza, podríamos decir, es ver cómo alguien se te va revelando con cautela

Poco a poco, eligiendo los gestos

Y si sabéis de lo que os hablo sabréis que os hablo de amor

Le dice Gena Rowlands a John Cassavetes:
«Es tan sencillo que no lo ves».

Me han pasado todas esas cosas y ninguna.

En la ermita estaba uno de los dos señores que cuida de la virgen y del lugar. Me hablaba en gallego, pero creo que entendí todo. Ahora la virgen lleva un vestido blanco, pero su favorito, que creo que sería también el mío, es el azul. Todos los días va un rato, abre las puertas para que se ventile la virgen, no coja humedad. Él se jubilará pronto, que ya es hora, y entonces quién, quién irá a ventilar a la virgen.

DORADO

He obtenido secretos de nuestro país, de la carretera, las construc-
ciones, la monstruosidad, y he podido contener todos los accidentes

Nos hemos unido las cosas bellas y yo, las cosas tristes y yo, la luz

y yo

Un hilo de vida, púrpura y dorado

El resplandor de los mundos que fueron nos condena
Aquello que fue en el inicio
sigue oculto en una gruta sin entrada
Aunque quizá esto sea sólo una idea

No sabemos cómo mirar cómo enfrentar cómo resistir decir ser

pelear

Quizás sólo podamos ganar por sorpresa

Por vivir a solas aprendí y comprendí
Por vivir a solas leí
Ahora estoy lista
Quiero vivir con vosotras

La ciudad sólo se ve un poco a lo lejos
Y yo ya no soy la ciudad

Dice Sara Gallardo:
«Siempre los secretos más importantes de uno son tonterías para los demás. Por eso es que la gente anda tan sola. Uno puede hablar de cualquier cosa, pero de sus secretos... imposible. Para uno son lo principal; para los otros, una idiotez».

QUISIERA OTRA VEZ

Lo que quiero es que
se puedan abrir los cuerpos
Lo que quiero es que todo se abra y cambie un poco de lugar
Esa mesa antes no estaba ahí, ¿o sí?
Un poco de confusión que nos obligue a (re)pensarlo todo
A veces repensarlo todo no es productivo
Entenderlo todo tampoco
No entender nada, tampoco
Siempre vuelven los griegos
La belleza de los mitos
las frases conocidas no tan fáciles de aplicar
O no tan sexis. ¿No os parece?
La justa medida
Ya sabéis
Armonía
Pero si yo soy excesiva o desbordada, cómo lo voy a hacer
Un exceso medido
¿Sería eso posible? Decidme
Lo que quiero es ver más allá
Inventar un cuerpo y un cielo
Usar una alcotana con precisión

Escuchar de nuevo el rugido
Ansias todopoderosas, ¿no?
Control demiúrgico, facilidad
No es eso lo que
Lo que quiero es encontrar la valentía
callarme
ir sin miedo
no dejar rastro

Y TODA LA PRIMAVERA

Tierra nueva tierra fresca
Zumbidos y las cosas que empiezan apenas a decir hola
¡Bienvenidas de nuevo!
El pájaro carpintero es tímido
El calor es real
durará unos meses
Así será el tiempo
Fuera la piel

No hay más que (caricia) no hay más que (mechón de pelo) no hay más
que (cartas, sobres, remitente) no hay más no hay más que no, no hay
más

y más

Leedme el futuro
¿Qué es lo que más miedo nos da?

EL BARRIL

Mirad todos esos melocotones
Ella canta, pero no los vemos
Mirad todos esos melocotones
La letra en verdad no tiene mucho sentido
La segunda la tercera la cuarta vez
Sigo insistiendo y entonces, increíble
el jugo empieza a resbalar por mi antebrazo
y me empapa

SIEMPRE HAY ALGO QUE SE CAE

Copa, vaso, taza
Cosas que caen pero están en el aire no las ves caer
porque es un cuadro
Un bodegón en el Museo del Prado
donde os llevo
por compañía y quizá por vuestros conocimientos de
arte español o europeo
Goya y las brujas
Goya y el poder
Velázquez y el poder
El Greco y el poder y así
Los cuerpos heridos
Los que caen y son recogidos a punto de
Líneas de luz
azul en el manto
ojos oscuros
El cuerpo está ya frío
los músculos se han tensado
Pero la caída del pelo nos hace sentir su latido aún
Y por eso regresamos
Amamos esos instantes

La voluntad que los dejó ahí
Podemos admirar de nuevo
Podemos empezar aunque hayamos caído
Hay algo vivo todavía
Algo vivo
Levantémonos y en marcha

ALGUNAS EVIDENCIAS ALGUNOS DESEOS

Caminar con belleza
Hablar con belleza
Vivir con belleza

¿Creéis que podremos hacerlo?

A las diez y media
en mitad de la calle
las luces se apagan
Siento una exhalación
o un último suspiro
Como si alguien hubiera pasado a mi lado
Más rápido que mi mirada
Y de un momento a otro
la oscuridad
pero no la alarma
Es dulce, es completa, es suave
Y en mitad de la calle giro sobre mí
contengo el aliento y sonrío

Que el fin del mundo no te pille a solas
Que el fin del mundo te pille amando

No vuelvas a pasar sola el apagón, la pandemia, la última cena
Dices que te gusta vivir sola y no es mentira
Pero la forma de resistencia ahora es otra

Todo es cíclico ya lo sabéis
No quiero que se me dé tan bien vivir sola
No quiero seguirles el juego
ni autocuidarme ni nada
Sabéis que un modo de medir los índices de felicidad
tiene que ver con saber cuántos de tus últimos almuerzos
los hiciste a solas
No me merezco nada
No me merezco unas vacaciones ni un cruasán con almendras
Aunque no quiero perderme la merienda
No me merezco
No necesitamos
No os creáis una sola palabra de lo que os dicen
No os permitáis poner una excusa más
No os quedéis en casa

Esta parte es un paréntesis, unas notas sobre algo que ocurrirá, una conversación entre dos personas en un escenario; y quizá si estás leyendo este libro es porque también has visto o vas a ver un chow que se llama como el libro y en el que se cuentan muchas de estas cosas. Y no es para nada lo mismo, ya lo sé, pero me ha parecido importante que quede en algún lugar constancia de que estas cosas se mencionaron o se mencionarán en algún momento, en medio de una conversación, en voz baja, mirando las estrellas.

Dice Louise Glück en una entrevista que le gustan los poetas cuyo trabajo desea/anhela/necesita a alguien que escuche, a un receptor. Paso al ordenador estas notas y antes de llegar a la parte de "alguien que escuche..." pienso en un poema anhelante, deseante, pienso que tengo de esos, que soy yo. Para ella los poemas son mensajes en una caracola que se aprieta contra el oído y de modo confidencial te comunican una experiencia universal: problemas de adolescencia, amor de pareja, la viudedad, separaciones, hacerse mayor, envejecer, morir. "Time which breeds love, desire, the world's beauty".

Siempre fue mi especialidad amar locamente, no sé hacerlo con paciencia, no sé qué es la pausa, no entiendo la espera. Siento la más impulsiva ansiedad.

Y claro que se puede llorar por personas diferentes en el mismo tren, y claro que se puede llorar escuchando *La Gozadera*. Los cristales del tren están un poco tintados y las nubes parecen más oscuras de lo que son, o eso creo. Mi amiga Helena me manda un audio y dice: *está claro que tú vas con todo*.

Es muy difícil estar lista para amar a otra persona, es de lo más difícil que hay. Yo no sé si lo he podido hacer alguna vez, así, de verdad. Tienes que estar muy tranquila, con el mundo, con quién eres... Siempre estamos demostrándonos cosas, y así no se puede una relacionar. Se puede, pero no de verdad. Estamos jugando a ser una cosa u otra, que no nos pillen relajados, frágiles, mantener control sobre la situación. Yo he diferenciado dos tipos de momentos muy claros, unos en los que sólo veía lo malo de la otra persona, que era cuando la persona estaba más disponible, más porosa, y luego cuando sólo veía lo bueno, que era cuando la otra persona me estaba jodiendo pero bien, pero no quería reconocerlo, y ahí yo estaba dispuesta a darlo todo. Quiero pensar que no es la naturaleza humana, es el capitalismo.

Dime una cosa, amigo.

Y me acuerdo de una carta que recibí que acababa con estas palabras: "let's fucking do this".
Let's fucking do this.
Vamos a hacerlo, ¿no? Qué otra cosa nos queda. Vamos.

Sólo me queda el futuro.

Por qué nos empeñamos tanto en deconstruir el amor cuando lo que
hay que destruir es el capitalismo.
Una cosa es los estructuralistas.
Y otra cosa es el corazón.

Ahora tengo amigas y nos lo contamos todo.

Dice Badiou:
«Paradójicamente, hay analogías entre el amor y las políticas
revolucionarias. Esto es así fundamentalmente porque todo
empieza con un acontecimiento. El amor empieza con un
encuentro, una especie de golpe de azar que constituye la
posibilidad de ese amor. Es una posibilidad inscrita en la
realidad. De hecho, gran parte de la literatura universal tra-
ta de la contradicción entre este golpe de azar y el matrimo-
nio arreglado por los padres. El número de obras dedicadas
a las aventuras de una pareja joven cuyo amor choca con el
que sus familias arreglaron nos da un indicio de que todo el
mundo ha advertido hace tiempo que el amor es una singu-
laridad creativa, no la consumación del orden existente».

¿Y ahora? ¿y ahora? ¿y ahora?
¿qué estará haciendo ahora?
¿y ahora qué estará pensando ahora
en mí quizá ahora qué pienso
qué piensa ahora? ¿y ahora?
¿estoy pensando en él ahora?
¿estará pensando en mí ahora? ¿ahora?

Y siempre devuelvo la llamada
Ese es mi problema, ese y que siempre
compruebo los mensajes

Y respondo
Presto atención pero no entiendo las señales
Envío una foto simpática, una nota, una cita
Y me vuelven a joder

Porque, por ejemplo, me dejan
y por eso no puedo escribir
así de simple

Deberíamos estudiar a los surrealistas
y pensar en imágenes nuevas
que no tengan nada que ver con el amor
y amarlas

a nosotras con quienes amo

La parte de los nombres

«Alabada sea la valentía
Alabado sea bailar
Alabado sea saber de pronto qué es lo correcto
Alabado sea correr hacia el amor
Alabadas sean las palabras "decapitado y "desencarnado"
Alabada sea la rima
Alabado sea el ritmo
Alabada sea la certeza»

JENNIFER MICHEAL HECHT

Sabéis que Gertrude Stein rechazaba el uso de signos de interrogación porque quién no sabría que una pregunta es una pregunta

PARA QUINN LATIMER

Like a woman
como Quinn Latimer
como una mujer
como Helena
como una mujer
como yo
como una mujer
com una dona
comme une femme
like a woman
como una mujer
like a woman
como una amiga
como une amigue
como un hombre
como tres niñes
como una amante
como un amante
como cien amantes
como todes les amantes
como el amor

como la vida
como pelear
como una canción
como ahogarse
como gritar
como besar
como Nina Simone
como Quinn Latimer
como Blanca Varela
como Blanca Llum Vidal
como el fuego
como Elena Ferrante
como Kae Tempest
como Beyoncé
como mi madre
como la tuya
como Andrea Chapela
como Alba Lara
como Agnes Vardá
como Elena López Riera
como María Luisa Puga
como María Salgado
como Luz Pichel
como Dolly Parton
como Marina Garcés
como las Abuelas de Plaza de Mayo
como Lola Flores
como Audre Lorde
como la resistencia
como Putochinomaricón
como Greta Thunberg
como tu forma de mirar

como Roberto Bolaño
como Selva Almada
como Simone Weill
como Cindy Lauper
y como Patti Smith
como María Zambrano
como Gertrude Stein
como Marguerite Duras
como Chantal Akerman
como Juana de Arco
como sor Juana Inés
como Juana Molina
como Josefina Molina
como Miguel Hernández
como Anne Sexton
como Anne Carson
como Louise Glück
como Mary Oliver
como Berta García Faet
como Olvido García Valdés
como Chus Pato
como La Pasionaria
como James Baldwin
como Flannery O'Connor
como Cristina Rivera Garza
como Christine Nostlingër
como Bambino
como esa pared
como Ru Paul
como la desnudez
como Virginia Woolf
como Cecilia Bartolomé

como Lorca
como Natalia Ginzburg
como Pedro Lemebel
como yo te amo
como Elsa Morante
como yo te amo
como Agota Kristoff
como yo te amo
como Santa Teresa
como Violeta Parra
como el amor
como Massiel
como el amor
como Cecilia
como un país
como yo te amo
como este país
como yo te amo
como Rocío Jurado
como el amor
como yo te amo
como una ola
como yo te amo
como una ola, como una ola, como yo te amo, como yo te amo, como yo
te amo, como yo te amo, como yo te amo, como yo te
amo, como yo te amo, como yo te amo como te quiero te quiero te quiero
te quiero te quiero te quiero te quiero te quiero ver te quiero ver te
quiero ver te quiero verte quiero verte quiero verte
quiero   verte
quierovertequierovertequierovertequierovertequierovertequierove
r t e q u i e r o v e r t e q u i e r o v e r t e q u i e r o

QUIERO QUE ME QUIERAS

Toda la poesía sobre el contenido en lugar de la forma
es conservadora
Era su respuesta en el titular de la entrevista
y entonces pienso en cambiar
en ser nueva, otro ser, ser otra
sólo para gustarle
estar en su equipo
Por favor elígeme, puedo ser la portera
ser tu amiga
Nos guiñaremos un ojo
Nos daremos la mano
Quiero chupar tus labios o chuparte entera
Follar por toda tu casa
o por la mía
Limpiaré, compraré flores
O no, si eso te parece cursi
Haré lo que haga falta
me digo
Lo reescribiré todo lo olvidaré todo
Vendo mis libros
Voy a la biblioteca

Leo en internet
Encuentro a las buenas poetas
Las que molan
Las que me escogerán
Y les mando cartas
para que sepan que estoy de su lado
y que voy a pensar en la forma
y olvidar toda narrativa
Lo digo en serio
qué os parece
¿lo conseguiré?

LO QUIERO TODO

[Para Carmen Martín Gaite]

Lo quiero todo
Lo deseo
Lo espero
Lo invoco
Lo quiero todo
Lo queremos todo
Lo quiero
Lo bueno y lo malo y lo regular también
Así es entender el mundo, así es escribir
No es del todo verdad, no quiero de verdad lo malo. Pero estoy dispues-
ta. Que venga, sabré qué hacer. Mejor no, perdón. Lo quiero casi todo.
La dicha y el estudio y la fiesta.
¿Tú sabes cómo era mi calle? ¿Mi casa? ¿Tú sabes cómo eran, cómo
éramos las niñas, las chicas, las señoras? ¿La ropa que llevábamos?
¿Tú me imaginas, de verdad, me imaginas entonces, en la provincia,
aunque parezca un cliché, tú me imaginas?
Mira esto, mira, nadie se parece a nadie que conociera de antes.
Estos colores son otros, más atrevidos.
Están locos, de eso no me cabe duda.
La velocidad, la velocidad, la velocidad.

A solas, quiero estar a solas.

No es oro todo lo que reluce, ya lo sé, pero cómo no voy a ir al concierto, cómo me voy a perder el cambio del follaje, si han alquilado un coche y nos esperan ya, y han preparado unos cócteles, hay empare-dados riquísimos, me dicen, he recibido la invitación. Una dirección. Una calle con un número. Es otra historia esta historia. No hay histo-ria. Todo por hacer, ¿entiendes? Así nos lo cuentan y es bastante verdad. Quiero esperar a solas en el café. Sentarme al borde de la cama. Apoyarme en la pared del cine, encender un cigarrillo, sentarme en la barra, ¿sabéis de lo que os hablo? ¿os acordáis de esos cuadros? He salido a comprar el periódico y me he quedado tres horas dando vueltas, por todos sitios encuentro señales, esa es la verdad, una cosa me lleva a la otra me lleva a la otra me lleva. No te lo creerías. Tengo que terminar el primer borrador. Todos los papeles están en el per-fecto desorden esperándome mientras entro a la sala de conciertos, llego a la presentación, la brisa me acaricia en la piscina de, el telegrama me llega de casa de los, comienza el baile, sigue la charla, *the show must go on and on*, y así han pasado tres meses no sé cómo, qué listas mis alumnas, qué graciosas son.

¿Habéis visto las luces?

Un cuarto para mí

Y menudo caos

Y un cheque

Y tentaciones inesperadas

Y yo no sé decir que no

Ahora pensáis que ya no está de moda

Estáis de vuelta de todo

Pero imagínate

Con gente nueva y gente antigua apoyados sobre un piano enorme escuchando jazz

Cruzando el puente de madrugada, viendo la silueta de la ciudad

Antes de todo esto, de hoy

Como si ya lo hubiéramos visto antes, como si ya lo hubiéramos vivido, pero no

Cuántas personas puedo ser cuántas conversaciones

Y antes de que os liaran con qué es la libertad, porque ahora nos roban las palabras, os digo, yo esto no lo había sentido antes, esta libertad, la libertad siempre da algo de miedo cuando se ve de cerca, ¿no lo sabíais?

Y luego llegan los finales. No me gustan los finales.

Ya bajo, esta noche te llamo, nos vemos luego, no te preocupes, claro, claro que sí, mira ese escaparate, has visto, has leído, fuiste a la exposición, esta es su casa natal, no te lo pierdas, no te lo puedes perder

Hoy... hoy no puedo no puedo no puedo, yo...

tengo que terminar el manuscrito.

a todos a todas vosotras

La última parte

«Andábamos maravillados,
nos quitamos la ropa vieja y nos pusimos la nueva.
Absorbíamos fuerza de cada nuevo suelo
y ya no contuvimos nunca más el aliento»

INGEBORG BACHMANN

LA ÚLTIMA PARTE

la parte de las amigas
la parte del amor
la parte de las promesas
la parte de la esperanza
la parte del mundo nuevo
la parte de los que tienen hijos
la parte de quien no estaba
la parte de la casa
la parte sincera
la parte de las oraciones
la parte un poco cómica
la parte total
la parte sin falta
no habrá nada después porque es la última parte
avisadme cuando volváis
avisadme si pensáis venir

Dicen que el amor quizá se ha acabado
o que no nos hace falta
o que es otra cosa y que ya no necesitamos eso que
durante años había sido el centro

Y es por eso que ahora hablamos de las amigas como nunca antes lo
habíamos hecho
Y pienso en mis amigas
y en mi necesidad de amor
y en cuánto soy capaz de recibir realmente
cuánto soy capaz de dar realmente
cuánto necesita mi cuerpo
cuánto necesita mi corazón

CON QUIEN TANTO QUEREMOS

Cuántas vidas podemos tener
Cuántos hijes
Cuántas flores en poemas
Cuántas veces puedo poner esta canción
y todas sus versiones
a todo volumen
antes de que deje de gustarme
o de que os canséis
Cuántas elecciones generales
cuántas locales
cuántas cosas podemos elegir
Cuántas decisiones son necesarias
para ser adultas del todo
Cuántas veces debería llamar a mi madre
¿debería llamarla *mamá*?
Cuántos poemas sobre
amor no correspondido
Cuántas vidas
Cuántos amores

Siento cada día que estoy llegando a un agotamiento del amor
Y lo único que me alivia es pensar en mis amigas y su existencia.

Las ciudades, pueblos y desiertos en los que viven. Todas haciendo cosas, compartiendo su intimidad, su amor. Todas diferentes. Seguro que un poco iguales también. Pienso en ellas. Sencillamente, me hacen sentir parte de algo. Algo como pertenecer, algo como un país.

Y decido escribir un poema a mis amigas
Un poema sobre mis grlfriends
Escribir un poema muy largo de mis grlfriends
Mis amigas grlfriends friends
A las que eché tanto de menos antes de conocer
Toda la adolescencia sin rastro de ellas
Años de ceguera sentimental
Y de pronto, un día, allí estaban, hermosas, inteligentes, ligeras,
                                    tristes, increíblemente felices
Por primera vez entendí el amor por mis amigas
La admiración tiene otro nombre
Y ahora que no vivimos en la misma ciudad sólo pienso en el momento
                                    de poder reunirme de nuevo
con mis amigas
tan queridas grlfriends con sus cicatrices sus besos su forma de
                                    evitar
Y pasar horas estudiando
hablando
haciendo la cena y bebiendo agua con gas saborizada, vino, mezcal
Mis amigas estupendas

Los pasos de baile de A, su acento hablando alemán
Mis amigas del otro lado
Las tareas acabadas de S, su exigencia y fiabilidad
Mis amigas de casa
Mis amigues de acá
El pelo de A, que cambia de color, sus pasos firmes caminando

Mis amigas delirantes, mis amigas que dicen
El pelo rizado de C, su inteligencia, sus listas de k-pop
Mis amigas que dudan, que cantan, esta batalla que tenemos en común
La atención variable de B, sus saludos al sol
El pelo largo y oscuro de H, la actualidad política y poética
Lo biológico, lo mágico
lo fantástico lo fantasmagórico las sombras que nos llevan

Los pasos de mis amigas desde las ciudades, cercanas, lejanas y
más allá
Mis amigas
S, tranquila, sabiendo escuchar
L, con su acento hermoso, los audios larguísimos de M, su pecho
de actriz italiana
El humor negro de I
A, que investiga y sabe siempre lo nuevo
Mis amigues
C, que comparte, L que hace brillar
Oigo sus pasos desde todas las ciudades, cerca, lejos y más allá
My grlfriends
S, con su amor radical, I con su mirada brillante y astral

Mis amigas
Mis amigas, que conocen y desconocen a placer
Mis amigas
Dónde estaban, espero que me vean, ¿me veis?

Mis grlfriends del idioma de allá
L, que es mi hermana
El pelo liso de K, ofreciendo palabras, ofreciendo siempre vida
H, que recorre el mundo en bicicleta
La mirada amable de J, sus años de fidelidad

Mis amigas del idioma de acá

B y sus versos irresistibles, E y C y S llenas de libros, llenas de bailes

E, y A y París, y la ética, su frialdad y su tipo de amor

su manera de correr, de ver películas, de masticar

Mis amigas furiosas

Mis amigas que destruyen, que huyen, gritan, pelean, paran, miran mis amigas

Mis amigues

Mis amigas

Mis amigas   con quien tanto queremos

No quiero ser dramática
Que estoy en bañador

SUPERMERCADOS HY-VEE

Puedes comprar una orquídea en el supermercado
Puedes dejar que tu madre vaya contigo
a la ciudad a la que te acabas de mudar
antes de empezar las clases
Puedes dejar que te ayude a instalarte dejar que sea tu madre
y dejar que te compre una orquídea en el supermercado
Puedes dejar que tu madre vaya contigo
y comprar todo lo esencial
incluyendo vino y orquídeas
Puedes poner la orquídea en una ventana de la cocina
donde ves que puede recibir una buena cantidad de luz
no demasiada
Y puedes ponerle cubitos de hielo por encima cada semana
como tu madre te dijo que hicieras antes de irse
La última noche que se quedó le dijiste que estabas preparada
para dormir a solas en tu nueva casa
y deseaste haberte quedado con ella en el hotel

Puedes mirar la orquídea sintiendo todo intensamente
y mandarle a tu madre una foto cada semana
Puedes desear que las flores duren meses

y ponerte triste cuando finalmente se cae la última
unos días antes de que te vayas a pasar las navidades fuera
Puedes desear que las flores salgan de nuevo pronto
y de hecho lo hacen porque la orquídea ama esa cocina
y esa ventana y el calor el sol la luz tanto
como tú misma nunca habías sido tan feliz en un lugar antes

Puedes ver cómo crece la orquídea en los dos años que dura tu
                                                        programa
y sentirte triste y esperanzada tres veces más
Puedes dejarla en el piso de abajo con tu vecino durante el verano
temiendo que no le guste tanto su ventana de la cocina
Y puedes celebrar el reencuentro en agosto cuando aún hace calor
y vas a la piscina y bebes vino con todas las ventanas abiertas
la humedad entrando y saliendo de ti y la orquídea feliz

Cuando tu programa se acaba y lloras
puedes dejar la orquídea con tu amante
mientras vuelves a tu ciudad a arreglar asuntos
Puedes volver en unos meses cuando tu amante y tú ya
lo habéis dejado y tú has medio vuelto con un viejo amor
y tu nuevo amante está con un nuevo amor y aun así
compartís la cama en la casa en la que ahora está tu orquídea
y la rompéis en la última noche que pasas en esa ciudad
a la que has vuelto a resolver asuntos
y a recoger revistas libros abrigos
Puedes dejar tu orquídea con el que es ya tu examante
y decirle que la cuide mucho y que piense en ti

Puedes pedirle a tu examante que te mande fotos de tu orquídea
y recibir fotos simpáticas y graciosas que incluyen también
a tu examante bailando una canción de Shakira que os gusta a ambos

Y puedes comprar otra orquídea aunque la casa en la que vives
ahora es fría y no tiene mucha luz y sabes
que tu nueva orquídea nunca será tan feliz como la otra

Puedes dejar de comunicarte con tu examante porque
su nuevo amor no disfruta con vuestra comunicación constante
así que no recibes ya más noticias de tu orquídea tu primera

orquídea

a la que amas de verdad y siempre lo harás

Puedes dejar de pensar en tu orquídea unos meses
hasta que te llega un correo de un listado en el que hay
más de doscientas personas y ves una foto
de tu orquídea estás segurísima es tu orquídea aunque ahora
no tenga flores pero es tu orquídea
Y puedes pasar un rato largo pensando en tu orquídea
y en tu examante
y en la casa hermosa y el hermoso nuevo amor
que tu examante tiene que es quien ha enviado la foto en realidad
porque confían en que alguien alquile su apartamento
y puedan así irse a vivir para siempre felices en algún otro lugar
y dejar mi orquídea allí con cualquier resto posible de lo que fui

Acabo de ver una foto en un listado de correos de la que no sé
si una vez fue mi orquídea y espero que lo sea, ojalá sea

No estoy a la altura de las desgracias del mundo
No estoy a la altura de las desgracias que les pasan a mis amigues

HABRÁ QUE IR A LA GUERRA

Dice Héctor Oesterheld:
«El único héroe válido es el héroe en grupo, nunca el héroe
individual, el héroe solo».

SIGNOS DE INTERROGACIÓN SIGNOS DE

¿Sabéis qué? he vuelto a encontrar la vida
¿Sabéis que he vuelto a encontrar la vida?
Y por eso he vuelto
he vuelto
a estar viva y menos mal
amigas, porque me había perdido
de todo lo que no fuera el afuera
Yo creo que si vuelvo a casa ahora
será de otra manera
Podría ser
La dedicatoria del libro decía: creía
que había muerto

¿Queréis la verdad o la mentira?
Quiero prometer la vida
Quiero cumplir también las promesas más difíciles
antes de volver a perderme
o de que se acabe
No hay nada malo
digo
he vuelto

he vuelto
Estoy aquí y quiero prometer que es verdad

No tendría que haber nada malo
en la promesa

SIEMPRE REZAMOS

Cuando ya no tengamos nadie con quien hablar
y sólo encontremos respuesta en los ojos de un perrito
nos arrepentiremos
Cuando no sepamos qué es enamorarse, cuando no tengamos nadie a
quien cuidar
nos arrepentiremos
Cuando no haya más que la luz de una pantallita como muestra de vida
Cuando no haya más luz
Cuando ya no sepamos no podamos no imaginemos
Nos arrepentiremos
Nos arrepentiremos

EL DEBER (THE ARTIST'S DUTY)

En estos momentos tan desesperados
me detengo un instante y escucho
me agacho, me escondo detrás de la esquina
asomo la cabeza y salgo corriendo cuando la calle queda vacía
En estos momentos
me falta el aliento
En estos momentos
¿Pienso?
¿Leo?
Me callo un rato, te llamo
En estos momentos tan desesperados
Qué hacer, qué haría si
Qué haríamos
Qué haría Nina
Qué podemos
Qué soñamos
En estos momentos
Es evidente que no sabemos
Pero quizá podríamos
En estos momentos tan desesperados todavía hay, todavía existe,

¿lo veis?

En estos momentos tan de atender, escuchar, prestar atención
Tan desesperados de parálisis y ausencia
En estos momentos cómo no reflejar
Cómo
En estos momentos el deber es
Respirar, respirar, respirar, mirar, hola, estamos aquí
No nos han convencido aún, no nos han convertido del todo
Os pregunto a cada rato
¿Creéis que hay esperanza?
En estos momentos tan desesperados
Hay
Creéis
A veces no respondéis nada y me pongo nerviosa
o a llorar o las dos cosas
A veces me decís, sí.
A veces todo es en su justa medida, todo es relativo, la manzana
cae del árbol para mí
En estos momentos, gravedad
En estos momentos cómo no reflejar
Para mí el deber es ese
Miradme con un poco de amor, sólo os pido eso
Y lo de respirar, y lo de calladas un ratito
Y lo del amor
En estos momentos todo el mundo sabe
En estos momentos tan
A vosotras que os amo
Estos tan a ti que te amo
En estos momentos, vamos
Vamos de rojo
Vamos de la mano
Vamos temblando casi sin miedo
Cómo si no vamos a estar vivas

[Para Celso y Alicia
Pensando en Hunter x Hunter y más]

Por qué quieres verle
Porque es mi amigo
Por qué quieres verle, te vuelvo a preguntar
Porque es mi amigo
Lo siento, no puedes verle, hay innumerables peligros
No me importa
esperaré, atravesaré, recorreré todas las distancias
Pero por qué para qué ¿es eso de verdad lo que quieres?
Piénsalo bien, no tengas vergüenza ¿es así?
Sí, así es
Si así es, vete, ve por tu amigo
Sólo te pido una cosa
Dime
Prométeme que nunca le traicionarás
Te lo prometo
Vete

Y después de hacer un pacto de sangre el niño se marcha en busca
de su amigo, atravesará carreteras lagos montañas ciénagas peligros
se enfrentará a cacerías llantos ruidos incomprensibles
ríos aparentemente tranquilos animales salvajes
El relato clásico el viaje la búsqueda el rescate

Si nos necesitaras
Sí, eso, si nos necesitaras
Y ahora es ella la que se da la vuelta porque claro que les necesita,
son sus amigos y todos cantan y celebran
Ella, la que ha rechazado al objeto de su deseo, el que se convirtió en
objeto de nuestro deseo durante años confundiendo nuestras
ternuras. Ella necesita a sus amigos, a sus misteriosos, extraños,
mágicos amigos

Mi amiga mi amigo mi mejor amigue
Mi amiga genial, mi amiga brillante, mi amiga estupenda, Pipi,
Punki, Pat, Darrell, Lucky, Ariane, Sally Hope, Gon, Killua, Sarah,
Elliot
Pero el tiempo, el tiempo
La vida herida
El destino
La traición
La pasión
Y dónde estabas, qué hacías
Por qué ya no escuchabas el silbido, la llamada, por qué no viste la
señal
l'amitié est la chose la plus importante de la vie jusqu'a l'amour
arrive et l'amour classique devient la chose la plus importante
l'amour   l'amitié
el amor   la amistad
amie, amici, friend, amic, amor

Quién eres quién es y por qué

Una casa llena de amigas
Que no se mueran nunca que no se vayan
Una casa enorme y preciosa
Llena de amigos
Plena
De amores
Mirad las cortinas de esa ventana
Es una casa llena de amigues
Una casa enorme
Voy a mi casa
Una casa enorme llena de
Ven a mi casa
Venid
Esta es nuestra casa llena
Mirad el balcón
Ahora lo vais a entender, mirad la buganvilla, el jazmín
Mirad los fuegos
La estantería
Mirad llena de
Míranos llenos
Chispas
Esta es tu casa llena de
Amigas que siempre vuelven a su casa llena de amigues
Y ahora lo importante
¿Quieres ser mi amiga?
Amor, dime, ¿quieres?
Hoy he hecho una amiga
Y así acaba la película

EL ÚLTIMO IMPULSO

Esta es mi petición de supervivencia a través del gesto, de la observación, de la belleza, del amor
Como si se tratara de un libro religioso

Bonito, hermoso, precioso, bello
Exacto, sabio, iluminado, esperanzador

Yo digo las palabras porque me gusta poder decirlas pero no puedo decirlas sin sentir un poco de pudor sentirme una pizquita cursi entonces paso a nombrar esas cosas que quiero acompañar de adjetivos calificativos. Intento generar los paisajes sin decíroslo
Algo que ver con la luz de la mañana, de la última hora de la tarde, el color del mediterráneo, el olor, los camaradas, el pan, el sonido de los grillos

No sé cómo hacerlo pero lo haré
No sé cómo hacerlo pero lo haré
No sabemos cómo

Y miramos por la ventana
Sabiendo que por nosotras no han venido esta vez

Todo es siempre como en ese poema alemán que Silvio recitaba en aquel disco y que en mi cabeza ya sólo puedo reproducir con su acento aunque él ya no sea la misma persona, ni yo tampoco

A ti que te amo
A vosotras que os amo
A nosotras con quienes amo
A todas a todos vosotros
Ayudadme, os ayudaré

GRATITUD y otros

Alejandra Pizarnik escribió esto que copio a continuación:

dice que no sabe del miedo de la muerte del amor
dice que tiene miedo de la muerte del amor
dice que el amor es muerte es miedo
dice que la muerte es miedo es amor
dice que no sabe

Os podéis imaginar, me hubiera gustado escribirlo yo. Y lo dejo aquí, al final de este libro, por deseo y porque creo que ayuda a contextualizar algunas cosas? Algunos de los textos que habéis leído fueron escritos durante el confinamiento, otros fueron escritos tras rupturas, o en medio de la amistad, o tratando de encontrar esperanza en el mundo, o pensando en la posibilidad de seguir asombrándonos; otros son imaginaciones y/o anhelos, transformaciones, ideales. Algunos fueron escritos en el contexto y para el contexto de Una fiesta salvaje. O pensados en torno a La tristura. O a la Escuela de invierno. O inspirados por Euraca. O en respuesta a una canción de Sofía Comas. Algunos textos son para mi persona de amor. Algunos textos fueron escritos porque echo de menos Iowa. Otros textos fueron escritos en un documento que desde hace ocho años comparto con poetas que conocí en Iowa gracias a Emily Brown. Algunos los escribí cuando rodaba una película con Ángel Santos y Denís Gómez en Galicia. Otros son pequeñas oraciones para el presente y para el futuro. Gracias a todas las personas que habéis leído versiones de estos textos y me habéis ayudado con comentarios, ideas, apuntes y verdades. Gracias a David Cobas, que se ha leído más versiones que nadie. Gracias a Helena Mariño, certera poeta y amiga. Gracias a Celso Giménez, raudo y agudo cómplice. Gracias a Marcos Úbeda por meterse conmigo en el lío de

hacer un espectáculo pensando en estos poemas. Gracias a La Moissie por haberme dado un espacio para la escritura y el pensamiento en dos ocasiones distintas, varios de los textos que habéis leído fueron escritos allí. Gracias a Sierra Forest. Gracias a Pepe Olona por seguir confiando bastante a ciegas y permitiendo que existan los libros y las giras. Gracias a Marta Martín por la portada y las camisetas. Gracias a Andrés Alonso Moutas por hacer que el libro encuentre su forma. Gracias a Alba Lara, Alicia Calot, Andrea Chapela, Berta G. Faet y Elena López Riera por las palabras y por la vida. Gracias a Adriana Domingo, Amanda Dennis, Ane Rodríguez, Beatriz Gutiérrez, Bruno Borbolla, Carme Riera, Cristina Bolívar, David López, Eli Otones, Esther L. Calderón, Gabriel Azorín, Guillermo Briones, Guzmán Sánchez, Helen Rubinstein, Irene Martínez, Itsaso Arana, Iván Mozetich, Jess Roach, Jorge Juárez, Kate Gibbel, Kelsi Vanada, Leticia Bernaus, Lizzie Wayne, Lucía Marote, Mack Basham, Mara Valderrama, Max Porter, Pablo Acosta, Pablo Gisbert, Pablo Ottonello, Sabina Urraca, Sara Toledo, Seth Wegner, Sofía Cabezudo, Sofía Domingo, Tomaso Benedet, Víctor Iriarte por la amistad, el amor. Gracias a Natalie Kuhn, Carmen Martín Gaite, Miriam Makeba, Yannis Ritsos, Novalis, Tiqqun, Yoshihiro Togashi, Jim Henson, Gena Rowlands, John Cassavetes, la Biblia, T. S. Eliot, Lawrence Kasdan, Fritz Lang, Aldous Harding, Louise Glück, Alain Badiou, Mary Oliver, Jacques Derrida, Sara Gallardo, Miguel Hernández, Silvio Rodríguez, Bertolt Brecht. Gracias a Quinn Latimer y su poema, a Elena López que nos lo enseñó, a Berna Wang y Elena Castro con quienes lo recitamos, a Matadero que nos acogió en residencia, a Helena Mariño con quien hice en directo una versión del poema, y a Tita Berasategui y el festival Nudo por invitarnos a hacerla.
Gracias a mis amigas. Gracias a mis contextos. Gracias a mis profes y a mis alumnas. Gracias siempre a Nina Simone.
Gracias gracias gracias a Ingeborg Bachmann.

Y gracias a todas por participar.